# *LIQUEUR OBTENUE PAR INFUSION*

PIQUÉZ LOUIS

# Liqueur obtenue par infusion

by Piquéz Louis

© COPYRIGHT 2021 TOUS DROITS RÉSERVÉS

Ce document vise à fournir des informations exactes et fiables sur le sujet et la problématique abordés. La publication est vendue avec l'idée que l'éditeur n'est pas tenu de rendre des services comptables, officiellement autorisés ou autrement qualifiés. Si des conseils juridiques ou professionnels sont nécessaires, une personne ayant exercé la profession doit être mandatée. D'une déclaration de principes qui a été acceptée et approuvée également par un comité de l'American Bar Association et un comité d'éditeurs et d'associations. Il n'est en aucun cas légal de reproduire, dupliquer ou transmettre toute partie de ce document par des moyens électroniques ou sous forme imprimée. L'enregistrement de cette publication est strictement interdit, et tout stockage de ce document n'est autorisé qu'avec l'autorisation écrite de l'éditeur. Tous les droits sont réservés. Les informations fournies dans le présent document sont déclarées véridiques et cohérentes, en ce sens que toute responsabilité, en termes d'inattention ou autre, par toute utilisation ou abus des politiques, processus ou instructions contenus dans le présent document relève de la seule et entière responsabilité du lecteur destinataire. En aucun cas, aucune responsabilité légale ou blâme ne pourra être retenu contre l'éditeur pour toute réparation, dommages ou perte monétaire dus aux informations contenues dans le présent document, directement ou indirectement. La présentation des informations est sans contrat ni aucun type d'assurance de garantie. Les marques de commerce utilisées le sont sans aucun consentement et la publication de la marque de commerce est sans autorisation ni soutien du propriétaire de la marque. Toutes les marques déposées et marques dans ce livre sont uniquement à des fins de clarification et appartiennent aux propriétaires eux-mêmes,

INTRODUCTION...................................2
VODKA...............................................7
1. Vodka épicée à l'ail et Habanero............9
2. Vodka infusée à la lavande et au romarin11
5. Vodka à la pastèque...........................18
7. Liqueur de banane..............................22
8. Anisette (liqueur de réglisse)................24
9. Liqueur de Prune................................26
10. Liqueur de mandarine........................28
11. Liqueur de piment.............................30
12. Liqueur de lavande............................31
13. Liqueur de thé vert............................32
14. Liqueur de cannelle...........................33
15. Liqueur vanille-café...........................35
16. Liqueur de menthe fraîche..................37
17. Liqueur d'orange fraîche....................40
18. Sfraises au limoncello........................42
19. Tarte à la compote de fruits...............44
20. Boules fruits-noix à la liqueur.............47
21. Cidre chaud au beurre.......................49
22. Confiture instantanée de sirop de framboise
..............................................................51
23. Liqueur de schnaps à la menthe poivrée53
24. Liqueur de citron vert........................55
25. Liqueur & farce à l'orange..................57
26. Liqueur épicée aux herbes..................59
27. Ananas grand marnier.......................61
28. Martini à la vodka infusé à la framboise63
29. Liqueur de papaye............................65
30. Liqueur de myrtilles..........................67
31. Liqueur de chocolat..........................69

32. Liqueur de noix de coco............................71
33. Liqueur de Curaçao..................................73
34. Liqueur de pamplemousse.......................75
35. Liqueur de miel.........................................77
36. Liqueur de thé..........................................79
37. Liqueur de menthe poivrée................80
38. Liqueur d'angélique...............................81
39. Myrtilles à la liqueur d'orange.............83
TÉQUILA.............................................................101
48. Tequila Infusée Citronnelle-Gingembre102

50. Liqueur de Marguerite..........................110

## INTRODUCTION

L'infusion est une méthode facile pour faire une grande variété de liqueurs. La plupart des liqueurs les plus célèbres au monde sont fabriquées selon cette méthode. Comme les amers d'Angostura, qui sont également une infusion, il existe souvent des formules bien gardées derrière les liqueurs, impliquant une étonnante gamme d'herbes et d'épices.

Malgré le secret, cependant, les liqueurs peuvent être facilement fabriquées dans votre distillerie à domicile. Ne vous laissez pas intimider par les longues listes d'ingrédients ; si vous avez fait des amers ou du gin en utilisant ces véritables « produits botaniques » plutôt que des arômes, vous avez déjà un bon début.

Les liqueurs sont de simples bêtes généralement composées de trois composants principaux : l'alcool de base, l'arôme et l'édulcorant. Mélangez ces ingrédients à votre propre contenu cacophonique et vous pourriez être récompensé par une bouteille de délices sur mesure.

Vous pouvez le faire avec très peu de matériel. Au minimum, vous devriez avoir des tasses à mesurer, une petite balance de cuisine et un hydromètre à alcool pour mesurer l'alcool en volume (ABV).

Les infusions sont faites en trempant ou en infusant divers ingrédients dans une liqueur de base, souvent de la vodka. Les temps de perfusion peuvent aller de quelques jours à plusieurs semaines. Généralement, les herbes et les épices sont infusées, puis extraites du liquide. Par définition, les liqueurs sontsucré; généralement, cela se fait après que les plantes aient été infusées.

Les liqueurs peuvent être sucrées avec du sucre, du sirop de sucre, du miel ou encore du sirop d'agave. Voici quelques recettes de liqueurs populaires pour vous aider à démarrer.

VODKA

1. Vodka épicée à l'ail et Habanero

Ingrédients

- 1 bulbe d'ail moyen
- 1 piment habanero
- 1 bouteille de vodka (750 ml)

a) Séparez l'ail en gousses et retirez les peaux.

b) Rincez le piment habanero pour éliminer tous les produits chimiques indésirables. Utilisez le poivron entier ou coupez-le en deux, en enlevant toutes les graines et la majeure partie de la chair blanche.

c) Placer l'ail et le piment habanero dans un pot Mason propre de la taille d'un quart.

d) Remplissez le pot de vodka. Fixez le couvercle sur le pot et secouez bien.

e) Conservez l'infusion dans un endroit frais et sombre pendant 3 à 5 heures. Goûtez-le après 3 heures, puis toutes les 1/2 heures jusqu'à ce que vous obteniez la saveur désirée.

f) Filtrez la vodka à travers une passoire à mailles fines, un filtre à café ou une étamine et dans un récipient séparé. Conservez comme vous le feriez pour n'importe quelle autre vodka.

g) Utilisez dans vos boissons préférées et profitez-en.

2. Vodka infusée à la lavande et au romarin

Ingrédients

- 1 bouteille (750 millilitres) de vodka premium
- 1 branche de romarin frais
- 2 brins de lavande fraîche
- Étapes pour le faire
- Rassemblez les ingrédients.

Rincez les herbes et placez-les dans un pot Mason propre de la taille d'un quart ou un pot similaire avec un couvercle hermétique.

Versez la vodka sur les herbes et fermez hermétiquement le couvercle.

Agitez plusieurs fois et conservez le pot dans un endroit frais et sombre pendant trois à cinq jours. À partir du deuxième jour, testez quotidiennement la saveur de l'infusion.

Une fois que la saveur à base de plantes a atteint le goût souhaité, filtrez les herbes de la vodka à l'aide d'une passoire fine ou d'un filtre à café.

Mettez en bouteille et conservez comme vous le feriez pour toute autre vodka. Utilisez dans vos cocktails préférés et dégustez.

## 3. Liqueur de framboise

- 1-2 livres. des meilleures framboises que vous pouvez cueillir ou acheter
- 1 tasse de sucre blanc
- 1 bouteille de vodka ou d'alcool fort
- 1 pot de conserve stérilisé ou autre pot en verre avec un couvercle hermétique

a) Faites bouillir le bocal ou lavez-le bien, rincez-le à l'eau tiède et versez-y de l'eau bouillante. Lorsque le bocal a refroidi, versez l'eau et mettez-y les framboises. Versez le sucre et autant de vodka que le reste du pot peut en contenir, en laissant un ou deux pouces d'espace libre. Monter le bocal avec un

couvercle de mise en conserve stériliséet anneau, ou un autre couvercle hermétique, selon le pot.
b) Parfois, je mets une barrière de pellicule plastique entre le bocal et le couvercle si je n'utilise pas de couvercle de bocal en conserve.
c) Placez le pot dans un endroit sombre, mais quelque part où vous le verrez tous les deux jours environ, peut-être près du café ou du thé. Secouez le pot tous les jours, ou au moins quelques fois par semaine pendant un mois.
d) Le sucre se dissoudra progressivement, et la couleur du liquide deviendra d'un joli rouge, tandis que les framboises deviendront pâles et inintéressantes.
e) Une fois que les framboises sont presque blanches, laissez le pot reposer et versez soigneusement le liquide. Certains livres disent que le fruit est maintenant merveilleux sur la crème glacée, mais je le trouve répugnant et je le jette.

f) REMARQUE : Vous pouvez utiliser cette recette pour n'importe quelle baie ou cerise. Chaque année, je fais de la tarte à la liqueur de cerise. Dénoyautez les griottes, ajoutez-les à la vodka, attachez les noyaux dans un peu de gaze et ajoutez-les également. Certaines personnes cassent quelques noyaux pour cette saveur d'amande.
g) Notez également que, en particulier avec les fraises, vous pourriez avoir des boules de pectine flottant dans le produit fini. Ils sont inoffensifs mais ont l'air dégoûtants. Filtrez-les lorsqu'ils se forment. Je

ne l'ai jamais essayé, mais il pourrait être intéressant de voir si écraser les fraises et ajouter une demi-cuillère à café d'enzyme pectique pendant douze heures avant d'ajouter le sucre et l'alcool aiderait.

h) Goûtez la liqueur. Si vous le voulez plus sucré, faites bouillir encore ½ à 1 tasse de sucre avec la moitié de la quantité d'eau, laissez-le refroidir et ajoutez-le par incréments, en goûtant au fur et à mesure. Vous constaterez que cette procédure vous rend très joyeux.

i) Je filtre maintenant la liqueur à travers un filtre à café en papier, perdant probablement un peu d'alcool au fur et à mesure, mais c'est la vie. Vous pouvez également utiliser plusieurs épaisseurs de gaze propre.

j) Conservez la liqueur dans un autre pot ou une jolie bouteille nettoyée et rincée à l'eau bouillante. Assurez-vous que le couvercle est bien serré. Gardez dans l'obscurité pour maintenir la couleur.

### 4. Liqueur d'orange

- 1 pinte d'écorces d'orange et de mandarine séchées
- 1 tasse de sucre
- 1 bouteille de vodka
- 1 pot de pinte

a) Faites bouillir le bocal ou lavez-le bien, rincez-le à l'eau tiède et versez-y de l'eau bouillante. Lorsque le bocal a refroidi, versez l'eau et mettez-y les écorces d'orange. Versez le sucre et autant de

vodka que le reste du pot peut en contenir, en laissant un ou deux pouces d'espace libre. Montez le pot avec un couvercle et un anneau de mise en conserve stérilisés, ou un autre couvercle hermétique, selon le pot.
b) Parfois, je mets une barrière de pellicule plastique entre le bocal et le couvercle si je n'utilise pas de couvercle de bocal en conserve.
c) Mettez le pot dans un endroit sombre, mais quelque part où vous le verrez tous les deux jours environ. Secouez le pot tous les jours, ou au moins quelques fois par semaine pendant un mois.
d) Le sucre se dissoudra progressivement et la couleur du liquide deviendra orange pâle. Il faudra plusieurs mois pour lessiver la saveur des pelures. Goûtez-le de temps en temps pour voir comment ça se passe. Il est probable qu'il y ait une couche très ferme de pectine au fond du pot. Ignorez-le.
e) Laissez reposer le bocal et versez soigneusement le liquide.
f) Goûtez la liqueur. Si vous le voulez plus sucré, faites bouillir encore $\frac{1}{2}$ à 1 tasse de sucre avec la moitié de la quantité d'eau, laissez-le refroidir et ajoutez-le par incréments, en goûtant au fur et à mesure.
g) Filtrez la liqueur à travers un filtre à café en papier ou utilisez plusieurs épaisseurs de gaze propre.
h) Conservez la liqueur dans un autre pot ou une jolie bouteille nettoyée et rincée à l'eau bouillante. Assurez-vous que le couvercle est bien serré. Gardez dans l'obscurité pour maintenir la couleur.

i)  Cette liqueur est infiniment utile. Je le fais avec Everclear et l'utilise pour aromatiser l'orange dans les biscuits et les gâteaux.

5. **Vodka pastèque**

Ingrédients

- 1 bouteille de vodka (750 ml)
- 1 petite pastèque, en cubes
- Étapes pour le faire
- Rassemblez les ingrédients.

Dans un pot à infusion propre de la taille d'un quart avec un joint hermétique, placez la pastèque en cubes.

Versez la vodka sur les fruits et secouez plusieurs fois.

Fermez le couvercle et conservez le pot dans un endroit frais et sombre pendant 4 à 6 jours. Secouez-le une à deux fois par jour. À partir du troisième jour, testez quotidiennement la saveur de l'infusion.

Une fois que la saveur de la pastèque est à votre goût, filtrez la pastèque de la vodka. Vous devrez peut-être filtrer deux fois ou utiliser une étamine pour retirer tous les fruits et les graines.

Lavez le pot et remettez-y la vodka aromatisée. Conservez comme vous le feriez pour n'importe quelle autre vodka.

Mélangez la vodka pastèque dans des cocktails et dégustez.

## 6. Liqueur de noix

- 2 livres. amandes fraîches, non salées, non blanchies, hachées OU la même quantité d'avelines ou de noisettes (mais assurez-vous qu'elles sont fraîches !)
- 1 tasse de sucre
- 1 bouteille de vodka ou de brandy
- 1 pot d'un demi-gallon ou 2 pots de pinte

a) Rincez le bocal à l'eau bouillante.
b) Mettez les noix hachées dans le bocal et ajoutez le sucre et la vodka ou le brandy. Agiter quotidiennement pendant un mois ou plus jusqu'à ce qu'il soit parfumé, puis filtrer les noix et ajouter du sirop de sucre si désiré. La couleur sera brune ou beige. Filtrez ou placez pour effacer. Les noix contiennent de l'huile, et cela se conservera aussi –

cela ne se conservera pas aussi longtemps que les fruits, mais c'est plutôt agréable d'en avoir autour. N'invitez pas d'écureuils.

7. liqueur de banane

- 2 bananes mûres de taille moyenne
- 3 tasses de vodka
- 1 cuillère à café d'extrait de vanille pur
- 1 tasse de sucre
- 1 tasse d'eau

Eplucher et écraser les bananes. Mélanger la banane, la vodka et l'extrait de vanille dans un bocal ; bien mélanger. Couvrir hermétiquement et laisser infuser dans un endroit frais et sombre pendant 1 semaine. Une fois la période de trempage terminée, filtrer et filtrer le liquide.

Mélanger le sucre et l'eau dans une casserole à fond épais. Porter à ébullition à feu moyen. Réduire le feu et laisser mijoter jusqu'à ce que le sucre soit complètement dissous, environ 3 minutes. Retirer du feu et laisser refroidir à température ambiante.

Mélanger le sirop de sucre, le mave et le liquide filtré. Verser dans des bouteilles et fermer hermétiquement. Laisser vieillir au moins 1 mois avant de servir.

## 8. Anisette (Liqueur de Réglisse)

- 2 cuillères à soupe d'anis étoilé écrasé
- 3 tasses de vodka
- 2 tasses de sucre
- 1 tasse d'eau

Mélanger la badiane écrasée et la vodka dans un bocal. Couvrir hermétiquement et laisser infuser dans un endroit frais et sombre pendant 2 semaines. Une fois la période de trempage terminée, filtrer et filtrer le liquide.

Mélanger le sucre et l'eau dans une casserole à fond épais. Porter à ébullition à feu moyen. Remettre la chaleur et laisser mijoter jusqu'àle sucre s'est complètement dissous, environ 3 minutes. Retirer du feu et laisser refroidir à température ambiante.

Mélanger le sirop de sucre et le mélange de vodka filtré. Verser dans des bouteilles et fermer hermétiquement. Laisser vieillir au moins un mois avant de servir.

9. Liqueur de Prune

- 1 livre de prunes violettes fraîches (Santa Rosa de préférence)
- 2 tasses de vodka
- 1 tasse de sucre
- 1 tasse d'eau de bâton de cannelle de 1 pouce
- 4 clous de girofle entiers

Dénoyautez les prunes et coupez les prunes en morceaux de 1 pouce. Mélanger les prunes, le sucre, les bâtons de cannelle, les clous de girofle et la vodka dans un grandpot. Bien mélanger. Couvrir hermétiquement et laisser infuser dans un endroit frais et sombre pendant 2 mois. Secouez le pot de temps en temps.

Une fois la période de trempage terminée, filtrer et filtrer le liquide.

Verser dans des bouteilles et fermer hermétiquement. Laisser vieillir au moins 1 mois avant de servir.

## 10. Liqueur de Mandarine

- 6 mandarines
- 2 tasses de vodka ou de brandy
- ½ tasse) de sucre
- tasse d'eau

À l'aide d'un économe à lame pivotante, épluchez les mandarines, en raclant la peau uniquement, en évitant la membrane blanche. Placer les zestes dans un bocal avec la vodka ou le brandy. Couvrir hermétiquement et laisser infuser dans un endroit frais et sombre pendant 3 semaines. Secouez le pot de temps en temps.

Une fois la période de trempage terminée, filtrer et filtrer le liquide.

Mélanger le sucre et l'eau dans une casserole à fond épais. Porter à ébullition à feu moyen. Réduire le feu et laisser mijoter jusqu'à ce que le sucre soit complètement dissous, environ 3 minutes. Retirer du feu et laisser refroidir à température ambiante.

Mélanger le sirop de sucre avec le liquide filtré. Verser dans des bouteilles et fermer hermétiquement. Laisser vieillir au moins 1 mois.

## 11. Liqueur de Piment

- 3/4 c. piment de la Jamaïque [vraisemblablement moulu]
- 1 1/2 tasse de vodka ou de brandy
- 1/2 tasse de sirop de sucre

Faire tremper le piment de la Jamaïque dans l'alcool pendant 10 jours. Filtrer et filtrer. Ajouter le sirop. Mûr pendant 1 à 6 mois.

## 12. Liqueur de Lavande

- 6 cuillères à soupe de pétales de lavande séchés
- 1 Cinquième vodka à 80 épreuves
- 1 tasse de sirop de sucre

a) Faites tremper les pétales dans la vodka pendant une semaine. Filtrez sur une étamine et pressez les pétales pour en extraire le plus de liquide possible.

b) Ajouter le sirop de sucre et déguster.

## 13. Liqueur De Thé Vert

- 6 c. feuilles de thé vert (en vrac, de bonne qualité)
- 3 ch. Vodka
- 1 ch. sirop
- 2-3 gouttes de colorant alimentaire vert

Les feuilles de thé doivent être trempées dans la vodka pendant seulement 24 heures ; ne rend plus la liqueur amère. Bien agiter le pot ou la bouteille lorsque vous ajoutez les feuilles. Ajouter l'édulcorant et le colorant le lendemain.

## 14. Liqueur de cannelle

Ingrédient

- 1 bâton de cannelle
- Clous de girofle
- 1 cuillère à café de graines de coriandre moulues
- 1 tasse     Vodka
- ½ tasse    Brandy

- ½ tasse    Sirop de sucre (voir recette)

Faites tremper toutes les herbes dans l'alcool pendant 2 semaines. Filtrer et filtrer jusqu'à ce qu'il soit clair et ajouter du sirop de sucre au goût. Laisser reposer 1 semaine et c'est prêt à servir. Fait une bonne boisson chaude lorsqu'il est ajouté à l'eau bouillante.

## 15. Liqueur de vanille-café

Ingrédient

- 1½ tasse    Cassonade; emballé
- 1 tasse     Sucre en poudre
- 2 tasses    L'eau
- ½ tasse     Café instantané en poudre
- 3 tasses    Vodka
- ½           Gousse de vanille; fendu (ou 2 cuillères à café d'extrait de vanille)

Mélanger les sucres et l'eau. Faire bouillir pendant 5 minutes. Incorporer progressivement le café.

Frais. Ajouter la vodka et la vanille et bien mélanger. Couvrir et laisser mûrir 1 mois. Retirer la gousse de vanille.

## 16. Liqueur de menthe fraîche

Ingrédient

- 1¼ tasse    Feuilles de menthe fraîche, légèrement tassées *
- 3 tasses    Vodka
- 2 tasses    Sucre en poudre
- 1 tasse     L'eau
- 1 cuillère à café    glycérine

- 8 gouttes    Colorant alimentaire vert (option)
- 2 gouttes    Colorant alimentaire bleu (opt)

Laver les feuilles à l'eau froide plusieurs fois. Secouez ou séchez doucement. Coupez chaque feuille en deux ou en trois. Jeter les tiges. mesurer les feuilles de menthe coupées en les emballant légèrement.

Mélanger les feuilles de menthe et la vodka dans un récipient de vieillissement. Boucher et laisser reposer au frais pendant 2 semaines en secouant de temps en temps.

Après le vieillissement initial, filtrer les feuilles de liqueur; jeter les feuilles.

Dans une casserole, mélanger le sucre et l'eau. Porter à ébullition, en remuant constamment. Laisser refroidir. Ajouter le sirop refroidi à la base de liqueur, en remuant pour combiner. Ajouter de la glycérine et du colorant alimentaire ; verser dans un récipient de vieillissement pour un vieillissement secondaire de 1 à 3 mois supplémentaires.

Un vrai bon récipient de vieillissement est des pots de conserve de ½ gallon. Si vous en voulez plus, procurez-vous le livre " Classic Liqueurs;L'art de faire et de cuisiner avec des liqueurs" par Cheryl Long et Heather Kibbey.

## 17. Liqueur d'orange fraîche

Ingrédient

- 3 tasses     Vodka
- 3     Oranges douces entières, coupées en quartiers
- ½     Citron
- 2     Clous de girofle
- 1 tasse     Sirop de sucre basique*

Temps de préparation : 15 min Temps de cuisson : 0 min Difficulté : ** Source : Cadeaux Gourmet Par Dona Z. Meilach *Pour faire du sirop de sucre de base, mélanger 1 tasse de sucre avec ½ tasse d'eau dans une casserole.

Porter à ébullition à feu vif et remuer jusqu'àtout le sucre est dissous et le mélange est clair. Refroidir avant utilisation. Donne 1 tasse.

Dans un bocal à large ouverture, versez la vodka sur les oranges, le citron et les clous de girofle afin que la vodka recouvre complètement le fruit. Fermez hermétiquement et laissez reposer dans un endroit frais et sombre pendant 10 jours. Filtrer à travers un filtre à café en papier et jeter les solides. Ajouter le sirop de sucre. Avec un entonnoir, versez la liqueur dans des bouteilles cadeaux et fermez hermétiquement avec des bouchons en liège ou à vis. Laisser reposer 3 à 4 semaines avant utilisation.

## 18. Sfraises au limoncello

Ingrédient

- 30      Fraises fraîches coupées en deux
- 4 cuillères à café   Liqueur de Limoncello; (20 ml)
- Poivre fraîchement moulu; saupoudré après
- ; goût
- 4 cuillères à café   Jus d'orange fraîchement pressé; (20 ml)

Couper les fraises et les mettre dans un grand bol.

Ajouter le jus d'orange, la liqueur et la préparation fraîchement moulue. Laisser mariner au moins 30 minutes.

Servir tel quel, si désiré avec des biscuits italiens.

## 19. Tarte à la compote de fruits

Ingrédient

- 1 croûte à tarte 9"
- 1 tasse    Abricots secs, hachés
- 1 tasse    Pêches et/ou pommes séchées,
- Haché
- 6 onces    Nectar d'abricot ou de pêche
- ¼ tasse    Liqueur de pêche ou d'abricot
- 2 cuillères à soupe Canneberges séchées, cerises
- ou raisins secs

- 1 tasse      Crème aigre
- 1      Œuf
- ⅓ Coupe      Du sucre
- 2 cuillères à soupe  Farine
- ½ cuillère à café    Zeste de citron râpé
- pincer Noix de muscade
- ½ tasse      Farine
- ⅓ Coupe      Cassonade, bien tassée
- ½ cuillère à café    Cannelle
- ¼ tasse      Beurre non salé, fondu
- ¼ tasse      Noix de pécan ou noix, hachées

Préparer la croûte à tarte et sertir. réfrigérer au moins 15 minutes.

Porter à ébullition les abricots, les pêches, le nectar et la liqueur; baisser le feu et laisser mijoter 10 minutes. Incorporer les canneberges et poursuivre la cuisson jusqu'à ce que les fruits soient tendres et que le liquide soit absorbé. Retirer du feu et laisser reposer le temps de préparer le reste de la tarte.

Préchauffer le four à 425F.

Pâte à la crème sure :

Mélanger tous les ingrédients jusqu'à ce que le tout soit bien mélangé; mélanger avec la garniture et verser dans la croûte à tarte.

Garniture de miettes :

Mélanger et répartir en une couche uniforme sur le dessus de la garniture.

Cuire la tarte 15 minutes; réduire la chaleur à 350F. et continuer la cuisson 20 à 25 minutes jusqu'à ce que les miettes soient dorées et que la garniture soit presque prise.

Servir à température ambiante.

## 20. Boules de fruits-noix à la liqueur

Ingrédient

- 1 tasse         Dattes hachées
- 1½ tasse       Raisins secs sans pépins
- ½ tasse        Abricots secs
- 1 tasse         Noix noires -- hachées
- 2 tasses       Miettes de biscuits Graham
- ½ tasse        Le confort du Sud
- ⅓ Coupe       Mon chéri

- 1 cuillère à café    Zeste d'orange -- râpé
- 1 tiret    Le sel
- 1 tasse    Noix de coco séchée

1. Mettez les fruits, les noix et les miettes de biscuits Graham dans un robot culinaire ou un hachoir en utilisant la lame la plus fine.

2. Mélanger le miel, la liqueur, le zeste d'orange et le sel ; ajouter au mélange de fruits. Bien mélanger avec les mains et façonner des boules de la taille d'une bille. Rouler dans la noix de coco.

3. Conserver dans un récipient hermétiquement couvert. N'a pas besoin d'être réfrigéré, mais conservez-le dans un récipient avec un couvercle hermétique.

## 21. Cidre chaud au beurre

Ingrédient

- 1 pinte      Cidre de pomme, de préférence
- Fraîchement pressé
- ¼ tasse      Sirop de maïs léger
- 2 cuillères à soupe  Beurre sans sel
- 2      Bâtonnets de cannelle
- 3      Clous de girofle
- 2 tranches   Citron

- 6 onces     Liqueur de pomme

Dans une grande casserole, mélanger le cidre, le sirop de maïs, le beurre, les bâtons de cannelle, les clous de girofle et les tranches de citron.

Chauffer à feu modérément doux jusqu'à ce que le cidre soit chaud et que le beurre soit fondu. Retirer du feu.

Pendant que le cidre chauffe, versez une once de liqueur dans chacune des 6 tasses ou verres résistants à la chaleur. Versez le cidre chaud dans les tasses et servez aussitôt.

## 22. Confiture instantanée de sirop de framboise

Ingrédient

- 12 onces    Confiture de framboise
- 1 cuillère à soupe   Au 2 Chambord ou autre
- Liqueur de framboise

Incorporer la liqueur à la confiture; couvrir et réfrigérer au moins une journée pour permettre aux saveurs de se fondre.

## 23. Liqueur de schnaps à la menthe poivrée

Ingrédient

- ⅓ Coupe     Sucre en poudre
- 1     Bouteille; (16 oz) Sirop de maïs léger
- 2 tasses     80 preuves de vodka
- 2 cuillères à café   Extrait de menthe poivrée

1. Combiner le sucre et le sirop de maïs dans une casserole de 2 pintes à feu moyen. Chauffer jusqu'à ce que le sucre se dissolve, en remuant régulièrement (environ 5 minutes) 2. Lorsque le sucre est dissous, ajoutez la vodka et remuez bien. Retirer le mélange du

feu et couvrirhermétiquement avec le couvercle. Laisser refroidir. 3. Ajouter l'extrait de menthe poivrée au mélange et verser dans une bouteille hermétique.

Donne 4 tasses.

## 24. Liqueur de citron vert

Ingrédient

- 2       Une douzaine de citrons verts
- ½ cuillère à café    Cannelle moulue
- 6       Clous de girofle
- 2 livres      sucre blanc
- 6 tasses     80 preuves de vodka
- 2 tasses     L'eau
- Colorant alimentaire vert

Laver les citrons verts. Couper chaque citron vert en 5 ou 6 tranches. Mélanger avec de la cannelle, des clous de girofle, de la vodka, de l'eau et du sucre blanc. Bien agiter jusqu'à ce que le sucre soit dissous. Couverture. Mettre au frais pendant deux semaines. Passer au tamis fin et laisser clair. Décanter, verser un liquide clair dans des bouteilles. Teinte d'un vert très très pâle.

## 25. Farce à la liqueur et à l'orange

Ingrédient

- Mélange à farce pour emballage de 18 onces
- ¾ tasse      Beurre
- 1 gros oignon, haché finement
- 1 tasse      Céleri, émincé
- ½ tasse      Raisins secs
- ½ tasse      Sections de mandarine, hachées

- ¼ tasse      Liqueur d'Orange Sabra ou Grand Marnier
- ¾ tasse      Eau chaude
- 1 œuf battu

(Cette recette est pour un oiseau de 10 à 12 lb. Augmentez les mesures pour une plus grande taille.) Faites chauffer le beurre en mousse. Ajouter l'oignon et le céleri, en remuant dans le beurre jusqu'à ce qu'ils ramollissent. Retirer du feu et incorporer la farce en mélangeant avec les raisins secs, les quartiers d'orange hachés, la liqueur, l'eau chaude et l'œuf. Verser sans serrer dans la cavité thoracique de l'oiseau.

## 26. Liqueur épicée aux herbes

Ingrédient

- 6    Gousses de cardamome*
- 3 cuillères à café   Graines d'anis*
- 2¼ cuillère à café   Racine d'angélique hachée*
- 1    Le bâton de cannelle
- 1    Clou de girofle
- cuillère à café    masse
- 1    Cinquième de vodka
- 1 tasse    Sirop de sucre (voir recette)

- Contenant : pot de 1/2 gallon

Retirez les graines des gousses de cardamome. Ajouter les graines d'anis et écraser tous les grains avec le dos d'une fourchette. Mettez-les dans un récipient de 1 litre en ajoutant la racine d'angélique, le bâton de cannelle, le clou de girofle, le macis et la vodka. Bien agiter le mélange et conserver dans un placard pendant 1 semaine. Passer plusieurs fois à travers une passoire tapissée d'étamine. Mélanger le liquide avec le sirop de sucre. Prêt à servir. *La plupart de ces ingrédients se trouvent dans les magasins d'aliments naturels. Cette liqueur est similaire au Strega italien et le goût épicé peut ne pas plaire à tout le monde.

## 27. Ananas grand marnier

Ingrédient

- 1 grand    Récipient en verre avec couvercle
- 1    Ananas doux pelé; épépiné et tranché
- 1    Bouteille de vodka; 750 ml
- 2½ once    Vodka infusée à l'ananas
- once   grand Marnier
- épluchure d'orange

Pour infuser la vodka. Placez un ananas mûr entier, pelé, épépiné et tranché, dans un récipient en verre et couvrez d'une bouteille de vodka. Réfrigérer l'ananas pendant au moins 48 heures.

Pour assembler la boisson. Versez 2 ½ onces de vodka infusée à l'ananas et ¾ onces de Grand Marnier dans un shaker rempli de glaçons.

Agiter vigoureusement et filtrer dans un verre à martini réfrigéré.

Garnir de zeste d'orange.

## 28. Martini à la vodka infusé à la framboise

Ingrédient

- 1,00   Bouteille de 25 onces de vodka
- 1,00 pinte    Framboises; plus un peu pour
- Garnir
- 6,00 onces   Cointreau

Versez 1 bouteille de vodka dans un bocal et ajoutez 1 pinte de framboises fraîches. Laisser reposer 3 jours Dans un shaker à martini, ajouter 2 onces de vodka infusée aux framboises, ½ once de Cointreau et de la glace. Agiter, puis filtrer dans un verre à martini. Garnir de framboises.

## 29. Liqueur de papaye

Ingrédient

- 1 papaye
- 1 tasse    Vodka
- 1 petit quartier de citron, zeste gratté
- ¼ tasse    Sirop de sucre, facultatif au goût (voir recette)

Recherchez une papaye de taille moyenne (légèrement plus grosse qu'une poire) avec une peau lisse et non meurtrie et un arôme fruité. Le meilleur moment est mai et juin. Les taches brunes sur la peau sont unmauvais signe et provoquera une mauvaise saveur (vérifiez la tige pour la pourriture et la douceur). Coupez la papaye en deux, retirez les graines et épluchez la peau. Couper en morceaux moyens et placer dans la vodka avec le zeste de citron (tourner pour libérer la saveur). Laisser infuser 1 semaine.

Égoutter et presser les fruits, extraire le jus. Si vous le souhaitez, ajoutez du sirop de sucre. Conserver pendant 3 semaines

## 30. Liqueur de myrtilles

Ingrédient

- 3 tasses      Myrtilles ou mûres fraîches
- 1 chacun     Clou de girofle
- ½ tasse      Sirop de sucre (voir recette) au goût

- 2 tasses    Vodka
- 1 chacun    Quartier de citron, zeste gratté

Remarque : les bleuets peuvent être achetés en saison (mai à septembre). Éviter les paniers tachés et NE PAS rincer avant d'être prêt à l'emploi. En cas de gel, le faire AVANT de rincer. Rincer à l'eau froide. Rincer les baies et les écraser légèrement. Ajouter la vodka, le zeste de citron et le clou de girofle. Verser dans un flacon DARK et conserver 3 à 4 mois. Passer à travers une étamine humidifiée en pressant le plus de jus possible. Ajouter du sirop de sucre au goût et conserver encore 4 semaines. La liqueur aura tendance à être liquide. Essayez d'ajouter de la glycérine si une consistance plus épaisse est souhaitée. Bon pour la cuisson.

## 31. Liqueur de chocolat

Ingrédient

- 2 cuillères à café   Extrait de chocolat pur
- ½ cuillère à café   Extrait de vanille pur
- 1½ tasse   Vodka
- ½ tasse   Sirop de sucre (voir recette)
- ½ cuillère à café   Menthe fraîche (facultatif)

- tomber     Extrait de menthe poivrée (facultatif)

Mélanger tous les ingrédients et laisser mûrir 2 semaines. Le chocolat a tendance à se déposer au fond et peut avoir besoin d'être remué avant de servir.

La version finie aura tendance à être mince, mais reste assez savoureuse et excellente pour mélanger dans du café ou verser sur des desserts. Ajouter de la glycérine pour épaissir si désiré. Pour la menthe chocolatée, ajoutez ½ cuillère à café de menthe fraîche et quelques gouttes d'extrait de menthe poivrée. Laisser mûrir 2 semaines supplémentaires.

## 32. Liqueur de noix de coco

Ingrédient

- 2 tasses    Noix de coco emballée
- 4    Graines de coriandre
- cuillère à café    Extrait de vanille
- 3 tasses    Vodka
- ½ tasse    Brandy

Ajoutez tous les ingrédients ensemble et laissez infuser pendant 3 à 4 semaines. Retournez le pot tous les quelques jours. La noix de coco a tendance à être poreuse et absorbe l'alcool, alors assurez-vous de bien filtrer et filtrer le mélange pour obtenir la plus grande quantité.La noix de coco naturelle peut également être utilisée, mais elle a tendance à être aqueuse et nécessite plus de noix de coco.

## 33. Liqueur de Curaçao

Ingrédient

- 3 cuillères à soupe de zeste d'orange amère
- Douzaine Valence ou nombril
- Des oranges
- 2⅔ tasse de vodka à l'épreuve 80
- 1⅓ tasse d'eau
- 2 tasses    sucre blanc

- 12 clous de girofle entiers
- 1 cuillère à café    Cannelle moulue
- 2 cuillères à café   Graines de coriandre entières

Peler les oranges. Sectionner et couper chaque section en deux. Mettre dans le bol à mélanger avec le zeste d'orange amère, les clous de girofle, la coriandre et la cannelle. Ajouter le sucre, la vodka et l'eau. Agiter vigoureusement jusqu'à ce que le sucre soit dissous. Laisser infuser 5 semaines. Filtrer et laisser purifier. Soyez patient car cela prend plus de temps que la plupart des liqueurs. Une fois clair, décanter la liqueur claire et la bouteille.

## 34. Liqueur de pamplemousse

Ingrédient

- 6 Pamplemousse moyen ou gros
- 3 tasses     80 preuves de vodka
- 1 tasse      L'eau
- 2 cuillères à soupe de graines de coriandre entières
- 1 cuillère à café    Cannelle moulue
- 4 tasses     sucre blanc

Couper ou gratter le zeste, la partie jaune de la croûte. Ensuite, épluchez le pamplemousse et jetez la moelle ou la partie blanche. Séparétranches de pamplemousse et coupez chaque tranche en plusieurs morceaux. Mélanger le reste des ingrédients.

Couverture. Laisser infuser plusieurs semaines. Filtrer et laisser la liqueur claire pendant une semaine à 10 jours. Versez délicatement la liqueur claire. Si vous le souhaitez, une petite quantité de colorant alimentaire jaune peut être ajoutée pour une couleur jaune plus forte.

## 35. Liqueur de miel

Ingrédient

- 2 tasses    Vodka ou Brandy
- ¾ livres de miel
- 3 cuillères à soupe de zeste d'orange, ou 1/2 le
- Zeste d'une orange
- 1 tasse    Eau, tiède mais pas bouillante
- 1 clou de girofle

- 2 bâtons de cannelle de 2 pouces chacun

Épluchez la trouvaille d'orange en une longue spirale si possible, surtout si vous voulez une présentation attrayante. Dissoudre le miel dans l'eau et ajouter à la vodka et aux épices dans une jolie bouteille avec le zeste d'orange.

Laisser reposer, bien bouché en secouant tous les quelques jours. J'aime la saveur bien développée et je ne la filtre généralement pas du tout, mais vérifiez-la après 2 ou 3 semaines, et si vous ne voulez pas une saveur d'épice d'orange trop forte, filtrez le zeste et les épices et remettez en bouteille.

## 36. Liqueur de thé

Ingrédient

- 2 cuillères à café   Feuilles de thé noir*
- 1½ tasse     Vodka
- ½ tasse      Sirop de sucre (voir recette)

Faites infuser les feuilles de thé dans la vodka pendant 24 heures - PAS plus longtemps car un goût amer se produira. Filtrer et ajouter le sirop de sucre. Âge pendant 2 semaines. *Votre thé préféré peut être utilisé pour la saveur que vous désirez et des épices peuvent également être ajoutées.

## 37. Liqueur de menthe poivrée

Ingrédient

- 2 cuillères à café   Extrait de menthe poivrée (ou 3 cts)
- 3 tasses     Vodka
- 1 tasse      Sirop de sucre

Mélanger tous les ingrédients et remuer. Laisser reposer 2 semaines. Utilisez 3 cuillères à café d'extrait pour un goût de menthe plus fort et du sirop de sucre supplémentaire pour une liqueur plus épaisse et plus sucrée.

## 38. Liqueur d'angélique

Ingrédient

- 3 cuillères à soupe  Racine d'angélique hachée séchée
- 1 cuillère à soupe    Amandes hachées
- 1       Baies de piment de la Jamaïque, concassés
- 1       1" morceau de bâton de cannelle, cassé

- 3       À 6 graines d'anis ou de fenouil, écrasées
- cuillère à café       Graine de coriandre en poudre
- 1 cuillère à soupe   Feuilles de marjolaine fraîches hachées ou 1 c. séché
- 1½ tasse     Vodka
- ½ tasse      Sucre en poudre
- ¼ tasse      L'eau
- 1 goutte     Chaque colorant alimentaire jaune et vert (facultatif)

Combinez toutes les herbes, noix et épices avec de la vodka dans un récipient de vieillissement de 1 litre ou plus. Boucher hermétiquement et agiter quotidiennement pendant 2 semaines. Filtrer à travers une mousseline fine ou un filtre à café ; jeter les solides. Nettoyer le contenant vieillissant. Remettez le liquide dans le récipient.

Mettre le sucre et l'eau dans une casserole et mélanger à feu moyen.** Lorsque le sucre est complètement dissous, réserver et laisser refroidir. Une fois refroidi, mélanger avec du colorant alimentaire et ajouter au liquide de liqueur. Boucher et laisser vieillir et adoucir dans un endroit frais et sombre pendant un mois.

## 39. Myrtilles à la liqueur d'orange

Ingrédient

- 1 tasse    Liqueur aromatisée à l'orange
- 1 tasse    L'eau
- 1 tasse    Du sucre
- 1½ livre de bleuets frais
- 20 capitules de lavande fraîche

Préparer les bocaux, les couvercles et le bain-marie bouillant. Mélanger la liqueur, l'eau et le sucre dans une casserole et cuire à feu moyen-élevé, en remuant fréquemment, jusqu'à ce que le sucre soit dissous et que le mélange arrive à ébullition. Retirer du feu.

Ramassez, lavez et séchez les bleuets, puis emballez-les dans des bocaux chauds et secs, en plaçant 4 têtes de fleurs de lavande dans chaque bocal. Laissez un espace libre de ½ pouce. Versez le liquide chaud dans des bocaux, en recouvrant juste les baies. Essuyez les bords avec une serviette propre et fixez solidement les couvercles.

Placer les bocaux dans un bain d'eau bouillante et lorsque l'eau revient à pleine ébullition, mélanger pendant 15 minutes.

## 40. Liqueur de graines

- 4 cuillères à soupe de graines d'anis ou de carvi, écrasées ou à moitié moulues
- 1 tasse de sucre
- 1 bouteille de vodka ou de brandy
- 1 pot de pinte

a) Mettez les graines dans un bocal propre qui a été rincé à l'eau bouillante. Ajouter le sucre et la vodka ou le brandy. Agiter quotidiennement pendant un mois ou plus jusqu'à ce qu'il soit parfumé, puis filtrer les graines et ajouter du sirop de sucre si désiré. La couleur sera bronzée. Filtrez ou placez pour effacer.

## 41. Liqueur de pomme

- 2-3 livres. pommes savoureuses acidulées/sucrées
- 1 tasse de sucre
- 1 bouteille de vodka ou de brandy
- 1 pot d'un demi-gallon

a) Lavez et épépinez les pommes, mais n'enlevez pas la peau. Hachez-les finement. Rincez le bocal avec de l'eau bouillante. Ajouter le sucre et le cognac et mettre le pot avec un couvercle. Agiter tous les jours pendant un à deux mois. Parfois, la peau lui donnera une teinte rosée.

b) Égoutter les fruits, filtrer et ajouter du sirop de sucre au goût. Cela pourrait également développer un voile de pectine, alors assurez-vous de filtrer.

## 42. Liqueur d'abricot ou de pêche

- 1-2 livres. abricots ou pêches mûrs
- 1 tasse de sucre
- 1 bouteille de cognac ou de vodka
- 1 pot d'un demi-gallon ou 2 pots de pinte

a) Lavez et dénoyautez les abricots. Rincez le bocal à l'eau bouillante, ajoutez les abricots ou les pêches, le sucre et l'alcool. Couvrir et agiter une fois par jour environ pendant un à deux mois. Filtrer et filtrer, puis sucrer au goût avec du sirop de sucre. Ces fruits sont également agréables légèrement épicés avec des épices entières. Certaines personnes aiment ajouter quelques noyaux fêlés aux fruits pendant le trempage.

## 43. Liqueur de vanille au café

- 2 onces. bon café instantané
- 2 tasses de sucre
- 4 onces. très bonne vanille (ne pas utiliser d'imitation vanille)
- 1-2 gousses de vanille de Madagascar ou de Tahiti (facultatif)
- 1 bouteille de cognac ou de vodka

a) Rincez le bocal à l'eau bouillante. Drainer.
b) Faites chauffer l'eau, le café et le sucre pour faire mijoter. Retirer du feu et refroidir. Si vous utilisez des gousses de vanille, hachez-les finement en ne perdant aucune des graines intérieures noires et mettez-les dans le bocal. Ajouter les 4 onces de vanille. Versez le café/sucre/eau et remuez. Au bout de deux à trois mois, filtrez les gousses de vanille. Bouteille. Vous voudrez peut-être ajouter plus de sucre.
c) Une cuillère à soupe ou deux dans des biscuits au chocolat, une pâte à gâteau ou un glaçage est un

merveilleux ajout. Il ne submerge pas le chocolat mais lui donne au contraire plus de profondeur.
d) Vous pouvez verser du rhum ou du cognac sur les gousses de vanille après les avoir retirées ; vous en tirerez plus de saveur si vous les laissez reposer encore quelques mois.

## 44. Sucre-brillance

- 6 gallons (23 L) d'eau non chlorée ou filtrée
- 14 livres (6,4 kg) de sucre blanc granulé
- 1 paquet de levure Turbo (assez pour au moins 6 gallons de lavage)

a) Dans une grande marmite ou une marmite (d'une capacité d'au moins 4 gallons), porter 2 gallons d'eau à ébullition. Éteindre le feu, ajouter le sucre et remuer pour le dissoudre. Mettez 3 gallons d'eau froide dans un seau de fermentation (8 gallons ou plus), puis versez le mélange d'eau chaude et de sucre. Remuer pour combiner. Vérifiez la température ; vous visez environ 38°C/100°F. Ajoutez plus d'eau tiède ou froide jusqu'à ce qu'il y ait un total de 6,6 gallons de liquide (25 litres). Vérifiez à nouveau la température. S'il fait plus de 38°C/100°F, il suffit de mettre le couvercle du fermenteur sans le serrer et de le laisser refroidir un peu. Vérifiez la densité et notez ce nombre.
b) Ajouter la levure et remuer vigoureusement jusqu'à ce que la levure et les nutriments soient dissous. Mettez le couvercle, ajoutez le sas et laissez fermenter à température ambiante.
c) Selon les conditions, les temps de fermentation peuvent varier, pensez donc à surveiller le sas pour le bouillonnement. Une fois que le bouillonnement ralentit sensiblement, commencez à vérifier la densité une fois par jour.
d) Une fois la fermentation terminée, vérifiez et enregistrez la densité.
e) Transférer le moût dans l'alambic avec un siphon, en laissant autant de sédiments de levure que possible. Enregistrez le volume de lavage dans l'alambic et la teneur en alcool estimée.
f) Distiller dans un alambic à colonne.

## 45. Blé Vodka

- 6 gallons (23 L) d'eau filtrée ou non chlorée
- 1½ cuillères à thé (7,5 ml) de gypse
- 8½ livres (3,9 kg) de blé en flocons
- 2,2 livres (1 kg) de malt de blé, concassé
- 1 paquet de combinaison levure/enzyme à whisky

- Ayez à portée de main deux grands seaux de fermentation (d'une capacité d'au moins 8 gallons).

a) Versez toute l'eau dans une grande marmite; J'utilise mon pot de purée en acier inoxydable de 10 gallons pour cela. Chaleurl'eau à 71°C/160°F. Incorporer le gypse, puis ajouter les flocons de blé. Remuer jusqu'à ce que le grain commence à se liquéfier; il ressemblera à quelque chose comme de la farine d'avoine. La température baissera lorsque vous ajouterez le grain, alors vérifiez à nouveau. Si elle est inférieure à 67°C/152°F, chauffer doucement jusqu'à ce que la température se situe entre 67°-68°C/152°-155°F. Assurez-vous de remuer pendant qu'il chauffe. Si la température est supérieure à 68°C/155°F, arrêtez et laissez refroidir jusqu'à 68°C/155°F.

b) Ajouter le malt de blé en remuant pour l'incorporer. Mettez le couvercle sur la casserole et laissez reposer la purée pendant 60 minutes. Remuer doucement et vérifier la température toutes les 15 minutes environ; il doit rester à 65°C/149°F ou plus. Après 60 minutes, utilisez le test à l'iode pour vérifier la conversion de l'amidon. Si la conversion n'est pas terminée, remettez le couvercle et laissez reposer encore 30 minutes.

c) Laisser refroidir la purée à 32°C/90°F. Prélevez un échantillon du liquide clair au-dessus de la purée et testez la gravité spécifique. Enregistrez ce numéro ; il devrait être d'environ 1,060 à 1,065 (n'oubliez pas

de corriger la température). Transférer la purée, avec le grain, dans un seau de fermentation. Versez vigoureusement la purée dans les deux sens entre les deux seaux à plusieurs reprises pour aérer la purée. Ajoutez la levure, mettez le couvercle et le sas sur le fermenteur, et laissez fermenter dans un endroit chaud jusqu'à ce que la fermentation soit terminée.
d) Filtrer les grains de la purée à l'aide d'un grand sac filtrant. (Voir le chapitre 8 pour plus d'informations sur l'alimentation de la purée de grains pour votre volaille ou autre bétail.) Laissez le liquide filtré reposer pendant plusieurs heures ou toute la nuit pour laisser la levure sédimenter.
e) Siphonner le moût dans l'alambic. Assurez-vous d'enregistrer le volume de liquide, la densité et la teneur en alcool estimée du lavage. Distiller au moins 3 fois en commençant par un stripping.

## 46. Aquavit

- 50 onces (1,5 L) de vodka de bonne qualité
- 3 cuillères à soupe (45 ml) de graines de carvi
- 2 cuillères à soupe (30 ml) de graines de cumin
- 2 cuillères à soupe (30 ml) de graines d'aneth
- 1 cuillère à soupe (15 ml) de graines de fenouil
- 1 cuillère à soupe (15 ml) de graines de coriandre
- 2 anis étoilé entier
- 3 clous de girofle entiers
- Zeste de ½ citron bio, coupé en lamelles
- Zeste de ½ orange bio, coupée en lamelles
- 1 once (30 ml) de sirop simple (facultatif)

a) Préchauffez votre four à 204°C/400°F. Faire griller les graines sur une plaque à biscuits recouverte de papier d'aluminium pendant 6 à 8 minutes; remuer 2 ou 3 fois pendant qu'ils grillent. Retirer du four et laisser refroidir brièvement. Écrasez légèrement les graines dans un mortier et un pilon, puis mettez-les dans un grand pot à infusion (un pot Mason d'un demi-gallon fonctionne bien). Ajouter la badiane, les clous de girofle, le zeste de citron et d'orange, puis la vodka. Ajouter un peu plus de vodka si nécessaire pour couvrir complètement les autres ingrédients. Fermez hermétiquement avec un couvercle et secouez brièvement.

b) Infuser à température ambiante pendant au moins 2 semaines. Agiter le pot tous les 2 jours pendant l'infusion. Filtrer, d'abord à travers une passoire, puis à travers une étamine ou un filtre à café. Ajoutez le sirop simple, si vous en utilisez, et embouteillez. A conserver de préférence au congélateur.

c) Faire de la vodka au citron (citron) est facile et rapide.

## 47. Vodka citron

- 1 bouteille (750 ml) de vodka filtrée
- ¼ tasse (60 ml) de zeste de citron biologique séché

a) Zeste de 3 citrons frais bio, coupés en fines lamelles, sans moelle

b) Dans un pot Mason d'un demi-gallon, verser la vodka sur le zeste de citron et le zeste frais. Couvrir et laisser macérer 2 jours. Sentez et goûtez et filtrez le zeste de citron dès que la saveur et l'arôme conviennent à votre goût. Parfait pour faire le cosmopolite par excellence

c) Si vous prévoyez d'utiliser fréquemment des zestes d'agrumes séchés, je vous suggère de les acheter en quantité. Je reçois des zestes de citron, de citron vert et d'orange bio à la livre à des prix très raisonnables chez Starwest Botanicals (voir Ressources). Pour de petites quantités, cependant, cela peut être plus coûteux -efficace pour faire le vôtre. Il vous donne également le choix entre différents types de fruits, notamment avec les oranges, qui peuvent avoir une peau amère ou sucrée.

d) Il est toujours préférable d'acheter des agrumes biologiques lorsque vous envisagez d'utiliser la peau. Préchauffez votre four à son réglage le plus bas. À l'aide d'un épluche-légumes ou d'un couteau d'office bien aiguisé, coupez de fines lanières de peau. Essayez d'éviter de couper dans la moelle blanche. Couper les bandes en petits morceaux d'environ $\frac{1}{4}$" par $\frac{1}{2}$". Il est plus important que les pièces soient de taille assez uniforme, alors ne vous inquiétez pas trop de la taille. Étaler les morceaux sur une plaque à pâtisserie en une seule couche. Mettez la plaque au four et faites cuire jusqu'à ce que la peau ait rétréci sensiblement; si vous voyez que les bords des morceaux commencent à dorer, sortez la plaque du four. Selon la température de votre four, cela peut prendre de 5 à 20 minutes environ. La peau continuera à sécher une fois sortie du four, placez donc la plaque à pâtisserie sur une grille de refroidissement et laissez-la reposer jusqu'à ce que la peau soit sèche.

e) Saviez-vous qu'il n'y a pas vraiment de différence entre le gin et la vodka ? La principale différence entre le gin est qu'à un moment donné de la distillation, un panier spécial contenant des baies de genièvre et diverses herbes et épices est placé dans l'alambic. Au fur et à mesure que l'alcool commence à se vaporiser, la vapeur monte à travers le panier, infusant l'alcool avec la saveur familière de genièvre du gin. Sans cette étape supplémentaire, le gin aurait une odeur et un goût à peu près comme une vodka de plus.

## TÉQUILA

## 48. Tequila infusée à la citronnelle et au gingembre

Ingrédients

- 2 tiges de citronnelle fraîche
- 1 gros morceau de gingembre frais
- 1 bouteille (750 ml) de tequila blanco

a) Épluchez les feuilles extérieures des tiges de citronnelle, coupez les extrémités et coupez l'herbe restante en fines rondelles.

b) Placez la citronnelle et le gingembre entier au fond d'un pot propre d'un quart avec un couvercle hermétique.

c) Versez la tequila sur les herbes et secouez plusieurs fois.

d) Fermez hermétiquement le couvercle et conservez le pot dans un endroit frais et sombre pendant environ 2 semaines. Testez la saveur du perfusion tous les jours, à partir du cinquième jour.

e) Une fois que la saveur est au goût, filtrez la citronnelle et le gingembre de la tequila.

f) Lavez le pot et remettez-y la tequila aromatisée. Conservez comme vous le feriez pour toute autre tequila.

g) Utilisez la tequila infusée dans des cocktails et dégustez.

## 49. Tequila (Esprit Agave)

- 2 bouteilles (44 oz chacune) de sirop d'agave bleu biologique
- 2 gallons (7,6 L) d'eau tiède, filtrée ou non chlorée
- 1 paquet de combinaison levure/enzyme à whisky

a) Mettez 1 gallon d'eau tiède dans un seau de fermentation. Ajouter le sirop d'agave et remuer pour le dissoudre. Incorporer le deuxième gallon d'eau. Vérifier et enregistrer la gravité spécifique ; il devrait se situer autour de 1,065 à 1,070. Assurez-vous que la température du lavage est de 29°-33°C/85°-92°F et ajoutez la levure. Mettre le couvercle et le sas en place et fermenter.

b) Transférez le lavage dans votre alambic et effectuez un décapage. Ensuite, faites une analyse d'alcool sur les vins bas, en distillant jusqu'à ce que les cœurs accumulés soient d'environ 55% ABV.

## 50. Liqueur de Marguerite

Ingrédient

- 1 bouteille de tequila argentée
- 1 zeste d'orange; coupé en spirale continue
- 1 zeste de citron vert; coupé en spirale continue
- 6 onces de Cointreau

Partagez un shot de tequila avec un ami pendant que vous préparez cela. Ajouter le zeste d'agrumes à la tequila restant dans la bouteille, puis ajouter le Cointreau au goût. Conserver au frais et servir dans des verres à Xérès. Retirez le zeste d'agrumes si la liqueur commence à devenir amère. Il peut être servi pur ou sur glace avec un zeste de zeste d'orange.

Apportez une bouteille de ceci à l'hôte d'un dîner au lieu d'une bouteille de vin.

## CONCLUSION

Votre nouvelle liqueur sur mesure peut être bue maintenant mais s'améliorera si vous la laissez reposer dans la bouteille pendant 2-3 mois. Les saveurs se fondront et les bords alcoolisés s'atténueront.

Faire des liqueurs est très amusant et il y a des mondes de possibilités en eux. Espérons que cet eBook vous a fourni suffisamment d'informations de base pour commencer. Et n'oubliez pas de partager vos créations avec vos amis lorsque les épreuves de l'isolement seront terminées ! Acclamations!

Lightning Source UK Ltd.
Milton Keynes UK
UKHW020129150621
385495UK00001B/11